백명조 두 번째 시집

먹감나무 물든 잎에

• 본 도서는 2025년 부산광역시, 부산문화재단 〈부산시문화예술지원사업〉으로 지원을 받았습니다.

가슴에 내리는 시 158

먹감나무 물든 잎에

지은이 백명조
펴낸이 최명자

펴낸곳 책펴냄열린시
주소 (48932)부산광역시 중구 동광길 11, 203호
전화 010-4212-3648
출판등록번호 제1999-000002호
출판등록일 1991년 2월 4일

인쇄일 2025년 07월 15일
발행일 2025년 07월 18일

ⓒ백명조, 2025. Busan Korea
값 12,000원

ISBN 979-11-94939-03-0 03810

• 저자와 협의하여 인지를 붙이지 않습니다.
• 잘 못된 책은 바꿔 드립니다.
• 이 책의 내용 중 일부 또는 전부를 저자 및 출판사의 동의없이 사용하지 못합니다.

바람에 일렁이는 모가지들
참새 입은 즐겁고
이듬 해 씨앗들이 눈을 틔우면

내 손과 어깨에 내릴 그늘을
어찌할꼬…

〈본문 중에서〉

백명조 시인 약력

아호 : 원남(圓南)
마산 진북 출생
2014년 《문예시대》 시 신인상 등단.
부산문인협회 회원, 강서문인협회 이사,
한국가람문학회 이사,
새부산시인협회 이사, 동인지 물길문예 회원
낙동강 시낭송회 회장
수상 : 한국가람문학회 문학상,
　　　강서문인협회 칠점산 문학상
저서 : 『동그라미 물소리』(2022년 9월)
　　　『먹감나무 물든 잎에』(2025년 7월)

E-mail : bmj4801@hanmail.net

자서

새들의 지저귐, 흘러가는 구름
철 따라 피어주는 꽃들에게도
늘 함께하는 감사의 나날이길 바라며
어제 같은 오늘이기를
자연 속에 내 작은 마음 밭을 가꾸며 사는
해맑은 노을이고 싶다.

2025년 여름
백명조

시인의 말…5
목차…6

제 1 부

가고 싶은 바다…13
가끔은 가을에 생각나는 꽃…14
가을 소묘…15
감기, 몸살…16
강아지풀…17
강물이 흘러도…18
걸어야 산다…19
고등어…20
공룡능선에서…22
꽃밭으로 앉은 광대풀꽃…24
구월 길목에서…25
구포오일장…26
그때는 몰랐다…27
꽃가게에서…28
꽃무릇·2…30
꽃샘 감기…32
꽃무릇에게…34
나는 솔향 안고 청설모는 잣 먹고…35
낙동강이 아프다…36
나목…38

제 2 부

낙상…41
난전 스타 남여사…42
너를 잊지 못했다…44
너와 함께…45
교정의 느티나무…46
네 노래에 그리움이 묻어 있다…48
늦더위 꼬리…49
손주 사랑…50
등산화를 묻다…52
따뜻한 선물…54
때죽나무꽃…55
라일락 향기 날리면…56
산행 뒤 막걸리 한 잔…57
말이 없는 청령포…58
망초꽃 무리…59
명경이 된 낙동강물…60
보배 며느리…62
목 타는 백화등…63
바람이 전한 사연…64
박꽃…66
백로의 여유…67
벽소령 가는 길…68

제 3 부

비 그친 오후…71
보물창고…72
보약…74
비가 와도 일은 있다…76
비 오는 날의 풍경화…77
성철스님 사리 친견하던 날…78
용이 할배 무지개 꿈꾸며…79
생각도 못 했는데…80
서글픈 정상…81
아버지의 노래…82
아지랑이로 남아있다…84
신새벽 연지…86
아침이 오는 강…87
알면서도 하는 말…88
애호박…90
어질게 살다간 나그네들・1…92
노을 사랑…93
얼레지…94
여우비라도 와주면…95
역부로 쉬어 보는 날…96

제 4 부

외로움·2···99
윗세오름에 가다···100
인동초꽃···102
잠시 새가 되어···104
잠을 데리고 간 조각달···105
강물과 약속···106
천주산 참꽃···107
하현이 데리고 온 그리움···108
해질녘 낙동강···109
이른 봄날에···110
아울렛 할인판매···111
할머니와 걸레···112
풍경화가 된 모녀···113
찔레꽃·2···114
자드락비···115
동네 사랑방이 된 미용실···116
비 오는 날에·2···118
봄나들이···120
목욕탕에서 모녀···122
명절 유감···124

〈해설〉 자연에 동화된 일상-강영환···126

제 1 부

가고 싶은 바다

자갈거리는 해조음
가슴에 부딪쳐 오면
코가 갯내음에 젖는다

보고와도 또 보고 싶은
파도가 부르는 노래 소리
살가운 주전바다

얼마나 부대껴야
저 모양으로 다듬어 졌을까
나를 돌아보게 하는 작은 몽돌들

구름 날개 접으면서
강물 속에 부딪쳐 온 나도,
한번 섞여보면 어떨까

가끔은 가을에 생각나는 꽃

제주 우도 바닷가
돌투성이 해안 언덕배기
거센 바람 버텨내

수줍은 미소가득 해변을 수놓은
보라색 가을 여인
발걸음 붙들어 노니다가

분침이 얼마를 흘렀는지
돌아갈 객선을 간신히 탔다

미웠다 고왔다 하는
임과 함께한 우도 해변
그날 바람을 떠올리면

가슴 찡하니
가끔 생각나는
흐드러지게 핀 그 해국

가을 소묘

새털구름 수놓은
높아진 하늘

청량한 바람결에
묻어나는 국화 향

잎 떨어진 감나무
등불 매달아

장대든 아이들
연시 맛에 웃음꽃 피고

우듬지에 앉은 까치 배부른
노래가 파닥인다

감기, 몸살

밥은 모래알 씹는 맛이고
내 입안 침도 쓴맛이니
모든 맛이 소태다

바람에 스치는 살갗도 아리고
뼈마디마다 내는 곡소리도
밤새 뒤척이는 잠도 아프다

조심성 없이 다룬 육신에
호된 벌 내리나보다
때로는 쉬이가는 짐깐도 필요하다

할 일은 많은데
내 손이 가지 않으면
마무리 할 수 없는 일들
덕석 위에 쌓여 있다

강아지풀

손길 놓친 밭머리
강아지풀 모가지가
튼실하게 영글었다

횡재 만난 듯 몰려온 참새 떼
곁눈질 하는 바람도 외면하고
조잘거리며 포식한다

잘 자란 것은 조 알곡만하다
밭을 채운 저것이 조라면
넓은 곳간도 채우겠다

바람에 일렁이는 모가지들
참새 입은 즐겁고
이듬 해 씨앗들이 눈을 틔우면

내 손과 어깨에 내릴 그늘을
어찌할꼬…

강물이 흘러도

치장한 옷을 버리고
삼동으로 가는 길목에
아지랑이로 헤어지던 날

젖은 바람이
물든 하늘 가슴에 담고
새까만 눈이 이슬에 젖었다

동짓달 긴긴밤도
눈꺼풀 내려놓지 못하고
길섶에 서성되는 길손이 되있다

낙엽으로 내려놓은 기억들
사진 속 맑은 웃음
잠들었던 푸른 시간을 깨운다

걸어야 산다

끝이 보이지 않는 길에
달래고 어르면서
함께 가야할 동반자가 있다

비가 오나 눈이 오나
목덜미가 시려도
거른 적이 없던 만보행

코비드가
나를 주저앉게 한 그날 이후
게으름이 따라 붙었다

늘어진 마음을 다잡고
이 가을엔
여유로운 하늘을 보며

들국화 향기 따라
걸어야 날개를 달 수 있는
바램을 꿈꾸어 본다

고등어

구포 오일장 난전에
금새라도
거친 파도를 타고
달아날 것 같은 자태로
장꾼들 발길 붙든다

얄팍한 주머니로
손쉽게 살 수 있고
푸른 눈이 좋아
조손 돌봄 밥상에
자주 올렸다

유독 생선을 좋아하는
셋째 손녀 태인이

가시를 발라주면
살집보다
입맛 당기게 구워진
뱃살을 먹겠단다

벌써부터 맛을 아나보다

손으로 집어 먹는 모습에
식탁이 웃는다

공룡능선에서

가을빛 수채화로 들어앉은
천불동을 만나고 싶어
공룡능선 길을 택했다

외설악 제 일 비경이
젖은 운무에 얼굴 감추고
내 설렘을 저울질한다

나한봉을 설핏 보고
젖은 암벽에 붙어
손가락과 발가락 끝에 기를 모으고
용아장능 같은 용을 썼다

쉽게 보여주지 않는 천혜비경
저린 오금과 손끝 떨림에
눈에 다 담지 못하고

'아이고 하느님'
'아이고 엄마'

탈 없길 되뇌이며
노란 하늘을 보았다

꽃밭으로 앉은 광대풀꽃

어쩌면 좋지
넓은 밭 절반이
광대풀꽃이 수를 놓았다

뿌리지 않고
가꾸지도 않았는데
눈길 머물게 한다

정월대보름 쯤
여린 것을 캐 나물 무치면
할머니가 잘 갑수셨다

누가 잡초라고 나물이랄까
자운영을 닮은
환한 웃음이 밉지 않다

구월 길목에서

대동 백두산 정수리가
운무에 숨겨진 채

짙은 구름 품은 하늘
회색 눈물 머금고 있다

물드는 들판과
청아한 하늘빛

서늘한 바람 앞세워
구월이 오는 소리 듣고 싶은데

감출 줄 모르는 여름 긴 꼬리
가을장마로 서성대다

구포오일장

시끄러운 봄이다
약전, 먹자, 난전
장날이면 전을 펴는 가운데 골목

골목이 바다 같다
시장 가구를 끌고 나온 사람들로
서로 비켜가기도 힘든
인파가 출렁거린다

젊은 아낙과
아기를 태운 유모차는 보기 힘들고
노파들 유모차와
강아지 태운 유모차가 더 많다

예전과는 달리
동남아 외국인도,
불룩한 비닐봉투를 든 남자들도
파도에 떠밀리고 있다

그때는 몰랐다

가야동 작은 아파트에 살 때
미군부대에 근무하는 아가씨
옆집에 혼자 살았다

반찬을 만들면 종종 건네주었는데
고맙다고 그녀가 가지고 온 쇼트닝
꽤 많은 양이다

볶음 반찬에 쓰면 날개 단 고소함이
이웃 입맛도 불러들여
함께 나누는 인심이 봄날이다

감자와 김치 볶음
부침개도 많이 해 먹었다
그게 트랜스지방인줄도 모르고

꽃가게에서

길을 가다가 걸음을 멈추었다
색동저고리 저마다 예쁜 색깔로
꽃이 환하게 웃고 있다
구경하는 사람도 환하다

진즉에 사 갈 뜻도 없으면서
값도 물어보고 만지기도 하고
이름과 생태에 대해 물어 보면
주인아저씨, 척척이다

빈벡이 된 아줌마
대궁이 없는 분을 들고
이것도
꽃이 피느냐고 물었다

여기서 나만 꽃을 못 피우지
때가 되면 다 피운다고
너스레를 떠는 바람에
모두가 크게 웃었다

방안 가득
향기로 봄을 채울
빨간색과 하늘색 꽃대를 올린
히야신스 두 포기를 샀다

꽃무릇·2

들길 오가는 사람들
눈독에 손 탈까 봐
잘 가꾼 화단 아닌 밭가
잡풀 속에다 너를 심었다

잎이 지고 난 후
잡초들이 뒤엉켜
네가 있은 줄
잊고 있었는데

서늘한 바람에
벼가 물 들어가니
그리던 이 보고픈 마음
참지 못하고

만날 수 없는 안타까움에
피를 토하듯
선홍색 속눈썹 긴 꽃술
하늘 향해 피어나

못다 부른 사랑 노래
바람에 띄우고 있다

꽃샘 감기

영동 할미바람 내려올 즈음
하얀 밤을 끌어안고
삭신이 곡소리를 부른다

별빛이 내려앉은
강 건너 야경도
실눈이 도래질 하며

훌쩍이는 콧물은
샘물인 듯
휴지가 바쁘다

젓가락이 바빴던
밥상에는
그늘이 내리 앉고

눈이 환하고
코가 날개를 파닥이던 성찬도
소꿉놀이 모래알이다

무지개다리를 건너는
한 보름,
휴가가 있으면…

꽃무릇에게

나만이 다니는 길
인적 드문 풀섶에
가만히 숨겨두고
혼자 보려 하였더니

꽃불 올린 모습
길손 눈길 붙들어
보쌈 되어 떠났구나
달빛 고요한 삼경 아닌 대낮에

각별 눈짓 없이
빈자리가 뚜렷한데
어디든 서럽다 말고
예쁨 받고 잘 자라서

꽃술 길게 뽑아 올려
흰 구름 품은 하늘가로
못다 부른 사랑노래
나에게로 전해다오

나는 솔향 안고 청설모는 잣 먹고

산길 가다
땀 훔치며 쉬고 있는데
바람 기척 없이도
툭 떨어지는 잣송이

놀라 쳐다보니
동그란 눈 청설모가
부리나케 달아난다

나무 아래는 식욕이 지나간 흔적
청설모가 끝낸 성찬
빈 껍질들 널려 있다

탐이나 하나 가져갈까하다
처다 보던 눈이 밟혀

고소한 침만 삼키고
빈손으로
솔향 듬뿍 안고 자리를 뜬다

낙동강이 아프다

창 너머로 보이는
낙동강 물은 편안해 보였는데

화명 대천천
본류와 합수하는 철교 아래
신열을 앓고 있는
푸른 강을 보았다

퍼렇게 멍들인
속내를 드러내고
소리 없는
울음을 삼키고 있다

잉어와 가물치도 볼 수 없다

속 깊이 얼마나 아팠으면
품고 있던 물고기들을
토해 냈을까

눈길 둘 데 없는
내 가슴도 아프다

나목

낙엽 이불 덮고 선
옷 벗은 나무
서리바람에 힘겹다

나이테 하나 더 얹은
나무의 어깨는
아직 시린데

웅크린 사지에
들어온 햇살
차가운 속내 다독이며

걸어온 비탈길을
뒤돌아보며
바람 앞에 옷깃을 여민다

제 2 부

낙상

감자 박스를 옮기느라
바쁘게 움직이다가
거실바닥에 엎드린 비닐봉지 밟고
나뒹굴어진 지윤 엄마

'비닐봉지가 사람 잡네'

너무 아파 꼼짝 못 해
구급차에 실려 간 병원
손목 골절과
발목 복숭아뼈에 실금이 갔다

삼일 뒤에
두 곳에 깁스를 하고
간병을 받으면서도 식솔들 걱정에
입맛은 도망가고 얼굴에는 그늘이 내렸다

조금만 부주의에 이런 일이
식솔들 보기가 민망하다

난전 스타 남 여사

부전시장 골목에 다라이 두 개
생선을 파는 남 여사
해거름이 되면 떨이가 쏠쏠하다

방 한 칸에 다락이 있는 셋방에서
난전장사로 두 아들을 잘 키웠다
큰아들은 법조계, 작은 아들은 공무원으로

부전시장을 들썩 거렸던 스타가 된 아주머니
해종일 쪼그리고 앉아
고생한 어머니를
아들은 아파트를 구입해 입주하게 하고
장사는 그만두게 하였다

아파트에서는
아는 사람도 말동무도 없는 터
집에서 놀아보니
노는 방법도 문화도 익숙지가 않아
오히려 하루해가 지루하고 답답했다

차라리 좌판에 나가면
아들 잘 키운 엄마라고 대접 받는데
주위 만루에도 아랑 곳 없이
다시 난전에 전을 폈다

이제 먹고 사는 걱정 없으니
조그만 수익을 거두고
나머지 생선은 덤도 붙여 싸게 판다
남 먼저 일과를 마무리 하고
목욕탕에 가는 걸 낙으로 삼는 남 여사
커피 인심도 후하다

너를 잊지 못했다

내 보낸 믿음이
그믐밤으로 달아나
가슴에 출렁이는 파도가 크다

알토란같은
줌치 일부를 잃은 것 보다
내 어리석음이 부끄러워
하얀 밤을 끌어안고
흘린 눈물이 도랑이다

바람 불고 비가 오고
잎 지고 눈 오는 날 보내고 나니
일렁이는 강물 속에
보고픔이 떠 있다

찻잔에 찔레 꽃 띄워 놓고
그때 그 모습으로 마주할
찻상을 그려본다
어디서 무얼 하고 사는지

너와 함께

구름 품은
무거운 하늘이 금새
눈물 흘릴 것 같은 오후

창을 여니
서늘한 바람이
차 맛을 당긴다

동무를 부를까, 아냐
눈빛 서늘한
서낙동강을 바라보며

강물아
너와 함께
차상을 마주하고 싶구나

교정의 느티나무

햇살 받으며 바람에 나붓거려도
가시지 않는 서리를
머리에 이고
환하게 웃으며
잔물결 이는 얼굴들이 모였다

태풍 매미 때 잃은 가지에
새로운 역사를 새기고 있는
교정의 느티나무
단발머리 때나 변함없이
가을 색을 물들이고 있다

점심시간이 면
참새 떼 모여 앉아
풀어내던 이야기들
그 숱한 조잘거림을
나이테는 기억 하고 있겠지

흐르는 강물에 부대껴 온 잔돌들을

저마다 가슴속에서 꺼내 놓고
눈가에 이슬 매달고
웃기도 하고 서로 다독여 주며
빛바래지 않은 교가도 불러 보았다

네 노래에 그리움이 묻어 있다

처서 고개 넘어
아침저녁으로 이는 서늘한 바람이
귀뚜라미 노래를 데리고 온다

초사흘 달이 산마루 너머 숨어가고
길섶에 어둠이 내리면
뒤란에 풀벌레 곡조 높인다

귀를 열고
끊어지지 않는 가락에 젖다보니
심연에 일링이는 보고픈 얼굴

별밤 하늘을 가슴에 담고
귀뚜리 곡조 따라
그리움이 날개를 편다

늦더위 꼬리

화강석 댓돌 달구는 말복 볕살
맨발로 디디다 데일 뻔했다

새 얼굴로 미적거리는 더위
수은주 눈금 내려 올 줄 모른다

누구 허락으로
구월 바람을 통째 삼키고 있는지

흘린 땀이 도랑물 될 뻔한
갑진년 여름 꼬리가 길다

손주 사랑

언틀먼틀한 에움길에
호요바람을 내며
눈을 슴벅이며 걷는 덕순 할매
굽은 등에 내린 햇살이 따습다

대처에 나간 자식들 학비 보태려고
뒷산 잡목사이에 심은 밤나무
살림에 수월찮이 보탬이 되어주고
불혹을 넘겼다

들판 벼가 물들면 빔송이 입을 벌려
소슬바람만 스쳐도 떨어진 통실한 알밤
바가지에 주워 담는 손주들 웃음이 가득
잦아든 화톳불에 구운 밤 맛은 하늘이다

어릴 때는 감 따고 밤 줍는 걸 좋아 하더니
책가방 메고부터는 알밤은 눈에도 없다
굽은 허리 펴가며
쉬엄쉬엄 줍는 밤톨 다람쥐와 나눠먹고

〈
자루가 가득하면 줌치도 배불러진다

오가는 발걸음 한 됫박씩 나누며
손자 용돈 마련해 놓고
오후 햇살 한가득 치마폭에 안고
댓돌 위에 오도카니 앉아
손자 발자국 그리며 웃고 있다

등산화를 묻다

산이 좋아 등산을 자주 갔다
처음 등산화를 가졌을 때
가슴에 파도가 왔다

두루 명산을
젖은 그늘로도 가고
파랑새 날개로도 갔다

무사히 하산하면
'수고 했어 고마워'
인사도 보냈다

얇아진 밑창에 입술마저 터졌다
새것을 구하고도 보관하다가
보내기로 했다

쓰다듬고 품에 안아 보고
차마 쓰레기통에 버리지 못해
밭가에 묻었다

가슴이 뜨거워지고
눈가가 젖는다

'그간 고생 많았어, 편히 쉬게나'

따뜻한 선물

아기 용품 물려주기로 했는데
쓰던 것만 줄 수 없어
옷 한 벌 함께 선물 한단다

웃음 가득 담고
푸짐하게 내미는 손
연신 고개 숙이며 받는 새댁
잘 키우겠다고 손을 잡는다

찔레꽃 별로 뜬
햇살 맑은 오월에
따뜻한 손이 오고가는
이웃이다

지혜로운 젊은 엄마들
쳐다만 보아도
내 가슴이 오월이다

때죽나무꽃

오월 햇살 품에 안고
가지마다 불 밝힌
하얀 별을 달았다

무엇이 그리 수줍은지
바람에 살랑거리면서도
땅만 보고 피었다

개울물 작은 웅덩이에 떨어진 별
물무늬 그리며
꽃으로 다시 핀다

떨어져야
하늘을 보는 꽃
얼마나 별이 되고 싶었을까

라일락 향기 날리면

떠나간 사람을 못 잊어
라일락 향기 맡으며
꽃그늘 찾는
소설 속 주인공

보낼 수 없는 연서를 쓸 때
그가 눈에 아른거려
라일락 심어놓고
향기를 기다린다

민 하늘가에 눈빛 띄우며
그런 사람 하나 있으면
좋겠다고
꿈꾸어 본 적 있다

강물은 흐르고
라일락꽃은 피고 져도
그리는 인연은 어드메 있는지
서녘에 노을만 붉다

산행 뒤 막걸리 한 잔

손끝 시린 날
고당봉 산행을 마치고

아랫목이 따뜻한
산성 주막을 찾았다

삐꺽거리는 문을 열자
술 익는 향에 군침 돈다

도토리묵 안주에
사이다 탄 막걸리 한 잔씩 했다

목젖으로 넘어가는 술맛 소리
손끝 발끝까지 일어나

얼굴에 등불이 켜지고
눈까풀과 숨바꼭질을 했다

말이 없는 청령포

눈물내리는 빗속에
안개 서려있다
흐르는 강물은
옛 물이 아닐지라도
단종 깊은 회한을
담지 않고 흐르겠나

육백여년 그 자리
지켜 본 관음송松
물빛에 서린 독백
나이테에 놓여 메고
흘러가는 바람 따라
잊을 법도 하다마는

청령포에 닫친 생애
물소리로 심어놓고
지금도 눈에 뜨는
애잔한 그 모습
바람결에 본 듯 그려 낸다

망초꽃 무리

묵정밭에서
따가운 눈길에 기죽지 않고
쑥대에 뒤질세라 키 재기하며

눈길 붙들던 이팝과
찔레꽃 보내고
무리지어 꽃으로 웃는다

밤이면 은구슬 놀다가고
달빛을 보듬어
별빛도 함께 불러 들인다

고요에 젖어 있을 때
건들바람이 지척거리니
하늘거리는 교태가 밉지 않다

명경이 된 낙동강물

눈빛 없는 바람이
숨고르기 할 때
말 없는 강물은
명경이다

지하철 3호선
구포다리 지날 때
화명동 아파트 단지
낙동강에 몸을 씻는다

이디 메픔 빌이 묶녀 있는시
나룻배도 철새들도
삼매경에 든 강심을
흔들지 못한다

고요 속에 강물은
아파트를 품었고
거꾸로 보는 풍경이
낯선 그림이다

저 명경 한 폭에
멋진 산수화를 그리고
얼룩지운 가슴도
담가보고 싶다

보배 며느리

금슬 좋은 노부부
양손이 무겁도록 장을 보아 오면서
절로 신바람이 난다

드는 솜씨에
맛깔나게 음식 장만하느라
허리 통증도 잊는다

미역국과 고기볶음, 잡채도 곁들여
다리 기우러질 상차림에
둘러앉은 웃음도 한 가득이다

이십 삼년 동안
한 해도 빼먹지 않고 차린
며느리 생일밥상이다

'누가 뭐래도
우리 집 보배는 며느리여…'

목 타는 백화등

쉼 없이 창밖을 적시는 빗줄기
물난리를 불러오고
어수선하게 가슴도 짠하다

'목이 말라요 물 좀 주세요
 우리는 비 한 방울도 안 맞았는데'
어깨 처진 백화등이 중얼 거린다

이를 어쩌나
창밖을 보고
너도 비 맞고 있는 줄 알고
때맞춰 챙기는 걸 잊었네

짠한 손으로 비를 주니
날개를 펴고 너는 웃고
나는 계면쩍어 웃는다

바람이 전한 사연

범방산 너럭바위에 앉으면
골바람이 쉬어가다
귀전에 흘리고 가는 소리
끊어질 듯 이어진다

여러 날 반복 된다
비가 오는 날에는
등골이 오싹 하기도 하고
궁금하기도 하다

꼬리를 잡고 찾이본다
하늘나라로 아들을 보낸
통곡도 못하는 어미 울음이다
석 달 열흘을 검은 비로 쏟아 내고 있다

낮은 설지만
입에 단 위안의 말 건네고
두 손 잡아 주었다
무슨 위무가 되었을까

숱한 강물이 흘러가도
안부를 물어 오고
비가 오는 날엔
가끔 만나 차도 마신다

박꽃

서산마루 해 꼬리 감추면
잎에 숨기는 미소로
달을 맞이하는 꽃

눈에 드는 부끄러움
눈길 붙드는 자태
청상을 닮았다

밤새 내리는 이슬과
별들 속삭임에 젖어
남몰래 가슴을 연다

닭 울음이 손짓하면
여명 속에 쌓은 속내
지그시 입 다문다

백로의 여유

바람 그늘 찾는 삼복에
물길 오른 벼
초록물결 솟는다

고요 드리운 산골
보는 눈이 없어도
찾아든 귀한 선비 한 쌍

큰 날개 펼쳐 낮은 비행으로
논두렁에 내려 앉아
먹이 찾는 모습이 여유롭다

땀 젖은 일손 놓고
글 읽는 백로를 보며
차 한 잔 건네고 싶다

벽소령 가는 길

연하천 대피소에 한 밤 머물지 못하고
어둠살 내리는 등로에
가쁜 들숨 날숨 발걸음 재촉한다

초침은 쉬지 않고
경사진 길은
등짐과 다리도 버겁다

숨이 발뒤꿈치까지 차고
주저앉아 비박이라도 하고 싶은 정강이
오르막길 띔에 속눈썹도 힘들다

벽소령 대피소 나무 향과
삼경에 만나는 숱한 별들이
나를 끌어 들인 지남철이다

숲은 어둠을 품고
고요로 앉은 대피소에는
밤 깊도록 얘기 나눌 별들이 먼저와 반긴다

제 3 부

비 그친 오후

매지구름이
소낙비 한 줄 금 긋고 간 오후
대동 백두산 정수리가 해맑다

어지럽게 춤추는 운무에
겹겹이 쌓인 먼 산 그리매가
한 폭 수채화다

구름 밖에 내민 햇살이
해거름을 노래 할 때

노을을 품어 안은 낙동강은
둥지 찾는 새들을 불러들여
수줍은 듯 고요로 흐른다

보물창고

신안군 압해읍 수락마을
속살을 드러낸 갯벌은
바지런한 수연 어매
보물창고다

홍치마 노랑저고리가
이웃 아줌마 따라 나선 갯벌
서툰 손놀림에 낙지와 숨박꼭질
해를 거듭해 늘어난 손맛

대치大處로 내보낸 오남매
학업 마치고 출가도 다 시키고 나니
굽은 등위로 내리는 햇살
그림자가 길어진다

제자리 잡은 자녀들은
건강 돌보며 편히 쉬라지만
휘어진 손마디며 굽은 등뼈에서
밤마다 곡소리가 나도

노후 병원비 통장이 배 불러오고
손주 용돈 주는 재미에
삐걱대는 노구는
간밤 통증도 잊은 채 보물창고로 향한다

보약

혀가 동하는 요리나
산해진미가 아니어도

양념 잘 버무린 생김치
된장에 매콤한 풋고추
마른멸치 고추장에 찍어 먹어도
더할 맛없다는 그이

끼니마다
새로운 찬을 만들어야 하는
수고로움도 잊게 하는 식욕
밥상이 환한 웃음이다

항암투병 때
음식을 보기조차 싫다 면서도
금식을 해야 하는 경우 말고는
한 끼도 거른 적이 없었다

평소에 농담 삼아

시장에 내다 팔자고 했던 입맛이
보약 중에 보약이다

비가 와도 일은 있다

밭엔 정리 되지 않은 이랑
고추 모 심기가 늦어지는데
한나절만 참아주길 바랜 비는
물꼬를 트고 말았다

추적이는 빗소리가
땅 심에 헤프게 스며들어
내 손 기다리는
호박과 상추 모종을 먼저 옮긴다

너희는 비 맞고 춤추지만
머리카락에 물먹은 나는
크기는커녕 감기 들 가봐
따끈한 모과차로 목을 데운다

비 오는 날의 풍경화

한옥 추녀 끝에
빗소리가 정겨운 아침나절
앞산 마루가 마당에 찾아 들 때

손 떼 흔적이 두께를 더해
그대로 앉은 툇마루에
언덕처럼 등기대고 싶은 동무와
추억 삼매경에 들다

누가 먼저랄 것 없이
부추 부침개를 맞이했다
청양고추, 해물도 곁들이고

바삭하게 익는 소리와 빗소리가
서로 어울려 입맛을 부른다

술은 잘 못하지만
막걸리 한 잔도 생각나는
비 오는 날의 풍경화다

성철스님 사리 친견하던 날

함박눈이 쉼 없이 내리고
차량과 인파로 북새통인
성철스님 사리 친견하는 날

길게 처져있는 줄은
불자들 염불소리 그칠 줄 모르는
끝없는 미로다

쉼 없이 내리는 눈을 덮어쓴 우산이
줄선 사람들 움직임 따라
불도화 송어리료 일렁인다

긴 기다림 속 짧은 친견에
염원도 잊은 채 가슴 깊은 곳에
보랏빛 안개가 피었다

노송과 산죽 잎에도
순백으로 치장한 산사 설경이
극락정토가 아닐까

용이 할배 무지개 꿈꾸며

괭이잠으로 설친 밤
창을 열고 더디 오는 아침을 맞으며
신바람 난 용이 할배

아침 출근으로 찾은 복지관
들장미 닮은 정복순 눈에 담고
삼년을 공을 들여 눈을 샀다

남녘 실바람에
연둣빛 물오르는 춘삼월
눈들 멀리 두고 만나는 날

잡은 손 온기에 마주 보는 눈빛
가슴에 이는 잔물결 안고
해종일 연분홍 바람 속에 함께 걸었다

독거 문패는 뗄 수 있을려나
파도 이랑을 느끼며
뒤란에 함박꽃이 웃고 있다

생각도 못 했는데

얼쩡대는 가을 치마자락
만추 무주계곡
물든 색이 꽃밭인데

덕유산 능선
새 옷 입고 나를 반긴다

가벼운 옷차림에
살을 에는 골바람이
오금과 목덜미를 파고든다

눈이 부신 설원에
옷을 벗은 가지마다 매단
상고대를 만난 일도 버겁다

햇살 받아 바람에 반짝이는 수정 꽃
늦가을 별 색도 즐기고
향적봉 설원에 누워보는 것도 덤이다

서글픈 정상

승용차에서
네비가 하는 말이 모자라게 들린다

장유에서 부산 오는 길
서 김해는 바르게 들리는데
김해 시청은 '짐해 시청'으로 들린다

이비인후과를 찾았다
발음이 정확하게 안 들리고
작은 소리에 불편함이 있다고 했더니

진료 후, 치료 할 것도 없이 정상 이란다
시력이 안 좋으면 안경을 쓰듯이
보청기를 사용 하라한다

가슴 한 곳에 휑한 바람이 일고
흘러가는 강물은 말이 없다

아버지의 노래

초엿새 달빛이
서산마루에 다가 갈 쯤
송아지 엄마 품에 잠들고

적막이 숨죽인 사랑채 뒤란에서
수줍은 달빛을 타고
몰래 흐르는 노래

산들바람에
끊어질 듯 이어지는
"이 깅신 낙화유수 흐르는 물에...."

식구들 몰래 부르는 아버지 노래
처음으로 들었다
깜짝 놀랐다

라디오에서 흘러나오는 가요를
언니와 함께 따라 부르다
아버지에게 혼난 적 있다

아버지는 노래도 못하고
싫어하는 줄 알았는데

체면이 뭐 길래
노래를 동여매어 숨겨 두었을까
예사롭지 않은 실력에
뜨거운 눈물이 났다

아지랑이로 남아있다

잔설에 발자국 찍은 홍매화
책갈피 속에다
향기를 잠재워 놓는다

삼동에 살갗 애는 한기
견뎌내는 청춘에게
작은 안부 고이 접어 보낸다

남 먼저 접한 남녘 따스한 편지
내무반 회식 막걸리 담당에
주머니가 가벼워져도

밤새 잠을 설쳤다는 회신에
덩달아 가슴 문 열고
닭울음소리 들은 적 있다

많은 나날에
달빛도 살포시 접어 보내고
귀뚜리 우는 밤엔 밤잠도 설쳤다

강물은 쉼 없이 흘러가고
푸른 날개 잔설이 쌓여도
이마에 아지랑이로 남아 있다

신새벽 연지

맥도 생태공원
바람은 낙동강 물위에 물 주름 만들고
갈대는 푸른 선율 풀어낸다

이슬 머금은 연잎 사이로
티 없는 연화는
우주를 품어 올린다

연분홍, 하얀, 붉은 웃음 가득한 연지
푸른 쟁반 위에 은구슬
실바람 타고 제 리듬에 미끄러진다

연지 가로지른 데크 위로
향기로 다독여 줄 고운미소와
함께 걸어 보고 싶다

아침이 오는 강

물까치 노래에 눈뜬 아침
안개 이불 덮은 낙동강은
수묵화로
꿈속에 잠겨있다

바쁜 길 나선 바퀴들
전조등 꼬리를 물고
화명대교 가로등은 졸린 눈으로
집이 멀어 진다

서두를 리 없는 바람은
갈대밭에서 숨 고르며
강물을 다독여 재우려고 흔들리고
햇살은 이불 걷으려하는데

뒤늦게 기지개 켜는 강물은
속살에 봄을 품고 있다

알면서도 하는 말

푸성귀 뽑아 앉으면서
밥 먹듯 달고 있는

'아이고 가야 되는데'

쫓기는 일이 있는 것도
몹쓸 병이 든 것도 아니다

건강 보조 식품
먹는 가짓수가 아홉
그도 보자라

홈쇼핑 방송을 보면
이것도, 저것도
다 사야 될 것 같은
나약한 마음이다

자식 눈치는 보이고
줌치 속은 가볍다

죽겠다는 말, 빈 말인걸
수빈 할매는 알고 있다

애호박

솔방울만 하게 처음 와서
이레 만에 밥공기만하다
햇살 받아 반들거리는 게
나물볶음이나 부침개용으로
목젖에 침 넘기는 소리 만든다

아침나절에
눈 맞추고 웃었는데
저물녘에 없어졌다
눈독을 얼마나 들였을까
낯 손님 왔나갔네
똑 딴 꼭지에
아픈 푸른 피가 이슬로 맺혔다

아깝다는 속내가 세운 가시에
혀에 감기는 입맛을
찌르지나 않았을까

나도 이웃 담 넘어온 연시에

〈
침 삼킨 적 있다
속탈 없이 잘 먹었기를
조리대 앞에서 피식 웃어본다

어질게 살다간 나그네들·1

나뭇잎 물드는 시월 손가방 봇짐지고
바람으로 찾아든 4인 가족
충청도 보령이 고향이란다

농사일 모르는 아버지는
바디와 얼레빗 참빗을 만드는 장인이다
무거운 구름을 안고
빈 집에 짐을 푼 등이 시리다

동네 가슴들이 입김을 보내
엄미와 님매는
손 느린 농사일이 버거워도 품삯을 받아
온기 채워지는 재미를 안다

속내 보이지 않은 칠년
본향에 뿌리를 내려야 한다며
트럭에 세간살이 싣고
눈물로 골목을 적셔놓은 뒤
햇살 싣고 떠나간다

노을 사랑

해 발가락 능파에 걸리고
타는 가슴을 풀어헤친 일몰
하늘을 품고
강물에 잠긴다

애써 숨겨두고
속앓이 하던 그리움
보란 듯이 쏟아내어
서녘을 붉게 물들이고
물비늘 흐르는 강물을 태운다

알아주는 이 없어도
바람아,
구름아 너를 만나면
못다 부른 사랑 노래로
다시 붉게 물들고 싶다

얼레지

무척산 산허리에
새각시들이 모여 있다
매무새가 하늘아래 수줍다

보랏빛 꽃잎을 밀어 올려
뿌리를 향해 고개 숙여
내숭을 떤다

햇살 다가오면 고개 들어
빙긋한 웃음으로
누구를 기다릴까

눈에 담은 너를
탐하지 못하고
가슴에 심고 가는
하늘이 가볍다

여우비라도 와주면

어깨 쳐진 작물들
타는 목이 아우성이다

고추나무 들깨순도
잎을 비틀고 서 있다

이슬로 목추김하고
뙤약볕을 견뎌야하는 한낮도 힘들고

그늘 찾고
선풍기 안고 있어도

구월 늦더위에는 나도 지친다
여우비, 너라도 와주면

역부로 쉬어 보는 날

할머니 날씨예보가 아니어도
비가 올려나
삭신에 바람이 들썩거려
견디기 힘든 한 밤 통증

물 먹은 휴지뭉치로
침상에 가라앉은 육신이
밤을 밀어 내고 뒤척이는데
새벽이 빗소리를 데리고 온다

오는 비 핑게 삼아
쉬어간들 나무랄 이 없으니
도다리 쑥국 끓여 먹고
이웃도 눈감고
나만 떠올리는 한낮을 보낸다

제 4 부

외로움·2

낮 닭 울음소리
한낮 고요를 흔들어
고샅길로 달아난다

도타운 햇살 치마폭에 안고
툇마루에 걸터앉은
혁이 할매

누군가의 기척이 기다려지는 삽짝
오지 않는 발자국에
눈길 거두지 못한다

한 나절이 다 가도록 오도카니 앉아
'까치 너라도 왔다가지'
마른 입술이 오물거린다

시간의 바퀴에
검은 꽃이 핀 얼굴
눈웃음이 아리다

윗세오름에 가다

산들바람 등에 지고
이마에 배인 땀 훔치며
윗세오름 가는 길

영실 오백나한
기암과 병풍바위 틈에 남은
늦가을 색감에 눈길 남겨두고

천 사백고지에 올라서니
생각도 못한 설경에
탄성이 절로 나온다

간밤에 내린 한라산 첫눈
구상나무와 산죽 잎에 쌓인
하얀 설화, 잔치 상 같다

선적지왓 데크길 걸으면서
평원에 뛰노는 노루도 보았으면 하는
아쉬움 뒤로

윗세오름 산정에서 먹은 컵라면과 커피 맛
눈 호강과 입맛 호강
오래도록 잊지 못할 윗세오름 길

인동초꽃

애살스레 심지 않았는데
바람일까 새일까
묵정밭에 자리 잡았다
한사코 뽑고 자르고 했다
나를 닮은 것 같다

땅을 기고 나무를 감고 올라
그늘 찾는 유월 볕에
발자국 소리 뜸한
잡초 덩굴 속에서도
흰옷으로 왔다가 노란 옷으로 가는
금은화,
보란 듯이
마파람에 향기 실어
눈뜨고 있음을 알려
발길 끌어 들인다

향기가 잠시 쉬어 가라하네
염치 눈 감겨 마실 보내고

땀내 나는 일손 접어
긴 꽃자루 떼어 꿀맛 보며
꽃차 만들어
코로 마시고 눈으로 먹고 입으로 삼킨다

잠시 새가 되어

남 먼저 데리고 온 새벽에
부지런을 떨고 있는 너를 보면
날개를 빌려 잠시 날고 싶다

어디든 가고 싶다
높이 떠 더 먼 곳도 보고 싶다
한 번도 보지 못한 낯선 곳에 가보고 싶다

오래 도록 소식이 궁금한 벗에게도
날갯짓으로 안부를 써
물어다 주고 싶은 꽃 한 송이

나비 춤추는 꽃동산에
땀에 젖어 떠가는 구름을 보면서
날개를 접고 쉬어 보고 싶다

잠을 데리고 간 조각달

안개 자욱한 솔 숲속에
사슴을 따라 헤매다
눈을 떴다

남으로 난 창에
정월 스물 사흘 하현이
방을 들려다 보다 눈 마주쳤다

꿈속을 다니는 나를 보지 못 했겠지
불 꺼진 방이라
조각달은 내 잠을 안아 가고

뒤척이는 새벽녘
산까치 울음이
보랏빛 여명을 데리고 온다

강물과 약속

흐르듯 담겨
고요에 잠든 낙동강 강물
고운 물빛 앞세워
흔들며 오는 빛이 강을 깨운다

갈대숲에 깃을 접은 물새 떼
물갈퀴가 바쁘고
화명대교 가로등도
어둠 살라먹고 낮달로 떴다

생대공원 둘레실
아침 산책 나서는 잰걸음에
삼백 예순 날 하루 같기를
강물에다 손가락 걸어본다

천주산 참꽃

봄날 밤새
은하를 품어 안고
별 노래 부른
천주산 참꽃이 붉다

보고픔에
너를 만나려
숨 가빠 오른
내 얼굴도 붉다

너도 붉고
나도 붉고
함께 붉어
봄밤을 태워보자

내 가슴속 목도리
재가 될 때까지

하현이 데리고 온 그리움

격자무늬 창에 든 하현이
늦게 든 밤잠을 데려가고
나뭇가지 바람이 스산하여
달빛내린 뒤란에 나섰다

굴뚝새, 귀뚜리는 울고
먹감나무 물든 잎에 별빛 한갓진데
댓잎 부딪치는 소리에
가슴에 일렁이는 달빛

둥근달에 기러기 날고
갈대 잎에 귀뚜리 앉은
삽화를 그려 보내준
말 수 적은 미소 담은 얼굴

떠밀려온 강물 앞에
다시 등불을 켠다
화가가 된 푸른 날개로
화폭에서 날고 있는 내 동무

해질녘 낙동강

갈대숲 개개비들
노을을 접으며 노래한다

갈 길 바쁜 햇살
황금빛 윤슬로 낙동강에 안긴다

강을 가로 지르던 나룻배
물비늘 붙들고 풍경이 되어준다

내 마음속 일렁이는 그리움도
물든 강물 위에 나뭇잎배로 띄워본다

이른 봄날에

우수 경칩이 지난 후에도
두터운 옷 벗지 못하는데

말랑한 연둣빛이
기지개를 켜고 온다

갯버들 꽃눈 뜨고
생강꽃은 눈웃음 날리며

양지바른 덤불속엔
쑥 향이 손을 유혹 한다

땅 심 먹고 고개 내민 튤립
품 넓은 햇살 맞이하는 날

성급한 개구리들 출산에
대책 없는 요란이 아픔이다

아울렛 할인판매

만덕동 아울렛 매장
구십 퍼센트 할인 한다고
문자가 날아왔다

무얼 그렇게 싸게 팔까
설렘이 날개를 펴고
이웃 말동무와 발걸음 했다

좌판에 너부러져 있는 옷들
여러 사람들이 고르다 보니
서로 엉켜 모양새가 주름투성이다

이웃 따라 부지런히 뒤적여 보았지만
하나도 건지지 못하고 먼지만 마셨다
옷 고르는 안목이 없나 보다

함께 간 이웃은
입을만한 옷 네 개나 건졌다고
입이 바겐세일이다

할머니와 걸레

대동 여차리 버스 정류장 구멍가게
평상에 오도카니 앉아 있는 할머니 곁에
걸레통이 환하다

걸레는 이곳저곳
온갖 얼룩을 다 닦고도
티끌 하나 없는 옥양목 빛깔이다

얼마나 많이
문지르고 두드리고 삶았으면
하늘처럼 밝을까

통에 담겨 있어도
정갈한 할머니 손길을
침묵으로 말하고 있다

풍경화가 된 모녀

범어사 경내 은행나무
물든 옷을
산들 바람이 벗기고 있다

어린이집 가방을 맨 꼬마와 엄마
노란 카펫 위에 앉아
황금색에 물들었다

은행잎을 주워
책갈피에 잠재우며
웃음소리 바람에 띄운다

봄이 오면 잠재운 나비날개
말랑한 연두 빛으로
푸른 날개로 날아가겠지

높은 하늘엔
새털구름 떠있고
모녀가 풍경화 속에 든 하루다

찔레꽃·2

아파트단지 울타리에
오월이 제 마당인 듯
뽐내는 줄장미 넌출 곁에
소담하게 핀 소복여인

코끝에 스미는 향기
까만 눈동자에 어리는
보고픈 얼굴
아지랑이로 다가 온다

밭뉵이나 산기슭,
개울가 덤불에서
돌봄 없이도 이웃끼리 어울려
눈길을 붙드는 꽃

야단스럽지도 않고
뒷자리에 앉아 있어도 빛이 나는
무지개다리 건너가신
엄마 닮은 찔레꽃

자드락비

일기예보를 듣고
끝낸 비설거지를 보면서
비를 기다린다

어둠이 짙어 저도 오지 않더니
자정 가까워
한 줄금 창을 두드리다 그친다

우레와 번개를 데려온
새벽녘 자드락비
무섭게 내 잠을 훔쳐갔다

죄지은 사람마냥
오금이 저린 체
먼동을 맞이했다

동네 사랑방이 된 미용실

해 꼬리 숨을 때까지
들락거리는 발자국들이
손님 보다 객이 많을 때도 있는
이웃 미용실 참새 방앗간
앵무새도 온다

입심 좋은 다혜네는
아이들 학교 문제, 부동산 정보
담 넘어 오는 말꼬리 까지 전하는
목울대가 붉어지는
우체통이다

손맛 좋은 욱이네는
김치전도 붙여오고
잡채도 만들어 온다
제비꽃으로 웃는 마담은
커피 인심이 후하다

동네 바람이 들락거려

〈
먹구름이 끼일 때도 있지만
맑은 날이 더 많은 곳이다

비 오는 날에·2

그치지 않는 비에
더 미룰 수 없어

옷 젖는 줄 모르고 시작한 일이
굵어진 빗방울에
우의를 입었는데도
틈새로 들어와 옷을 적신다

고추 토마토 가지모종에
꽤 많은 지지대를 세우고
끈으로 묶고
봉선화 과꽃 금잔화도
옮겨 심었다

시작한 일손 놓지 못하고
젖은 옷에
종일 내리는 비와 함께
콧노래 부르며 마무리했다

나무속에 있던 새들이
뭐라고 했을까

봄나들이

얼음 깨고 기지개를 켜며
잠에서 깨어나
연둣빛을 드리는 화왕산

진달래 바람으로 발자국을 불러들여
일렁이는 꽃 잔치에
소꿉동무와 곤줄박이로 날아간다

참꽃을 한 잎 두 잎 따먹으면서
봇물 터진 수다 보따리
가슴에 솟은 옹달샘이나

허기진 봄날
두견새 울음에 눈시울 젖든 동무
꽃단장 옛 얘기에 너스레 떤다

온 산이 타고 있다
네 가슴도
내 가슴도

가슴끼리 맞대어 일어선
봄 산이 타고 있다

목욕탕에서 모녀

목욕탕에 모녀가 들어왔다
말 주거니 받거니
처다 보는 눈길이 다정스럽다

무슨 말을 했는지
눈빛 거두고
다투기 시작한다

누가 먼저랄 것 없이
큰소리를 내며
대야 물을 시모에게 피붓고
다시는 안 볼 것 같은 그림이다

다투는 내용은 알 수 없고
이웃 눈 의식하지 않는다
쳐다보는 이가 어색해
눈길 돌린다

소낙비 그친 날씨처럼 어느새

웃으며 서로의 등을 밀어주고
정 다와 졌다
한참을 쳐다봤다

내가 딸 이었을 때도 그러지 않았고
그렇게 할 딸도 없다
엄마와 딸 사이에
저런 풍경도 있구나싶어
한 참을 쳐다 보았다

명절 유감

눈 코 뜰 새 없이
명절음식 준비하고
피붙이 모여
거실에 웃음꽃 핀다

손주들은
용돈 받는 무게에 신나고
할미 지갑은
홀쭉해져도 즐겁다

늦은 아침상 치우기 바쁘게
아들네들은
각자 처가로 떠났다

왁자지껄한 분위기
한나절도 못가고
동그마니 늙은 내외만
절해고도로 남았다

해설

자연에 동화된 일상

강영환(시인)

자연에 동화된 일상

강영환(시인)

 문학적 논리가 회귀하는 곳은 리얼리티다. 인간의 삶은 리얼리티로 규정된다. 사물을 만나고 관계를 맺고 사연을 짓는 일은 모두 리얼리티를 바탕으로 한다. 사람과 사람 사이에 일어나는 일들도 또한 리얼리티다. 시는 비유법으로 표현되는데 비유 중에서 은유로 이루어지고 은유는 리얼리티를 바탕으로 한다. 휠라이트는 은유의 기본 특성으로 '너와 나의 관계로 파악된다'고 말힌다. 니와 니의 관계는 곧 민남의 형식이니 화해의 형식으로 풀이 된다. 만남의 형식은 마주침-대결-긴장-화해로 이어지고 이는 자기 동일성을 증명하며 새로운 질서로 발전해 간다고 하였다. 백명조 시인의 작품에서는 자연과 만나는 방식이 사실적인 다양한 모습으로 실현되어 있다. 백명조 시인의 작품에서 화해의 과정은 반사적이며 상징적 행위에 의해 증대된다. 자연과 만남을 통해 이뤄지는 존재는 곧 장력으로 작용 된다. 장력은 사물의 내면에 존재하는 끌어당김의 힘이다. 연잎에 빗방울이 떨어져 큰 물방울로 뭉치는 힘이 장력이다. 백명조 시인의 자연을 통해 나타나는 리얼리티는 장력이 작용된다. 인간은 자연과 더불어 산다. 요즘은 사라졌지만 초등학교 때 사생대회란 것이 있었다. 전교생이 자연 속에서 자연 풍경을 그려 내는 일이다. 동무들 그림 중에는 자연을 꼭 빼닮은 그림도 있고 선이 마구 흔들려 사실과 많이 왜곡된 그림도 있었다. 그렇다고 그것을 못 그린 그림이라고 부르지 않았다. 자신이 보고 느낀대로 그렸기에 아름다운 그림이다. 자연을 그려 본다는 것은 자연을 마음에 들이는 일이다. 어릴 때 보았던 또는 그렸던 자연 풍경들은 아이들에게 자신이 사는 자연을 호흡하게 하는 일이었다. 사람들이 서구에서는 자연을 정복하는 대상으로 바라보지만 동양에서는 자연과 함께 사는 법 혹은 자연에 동화되는 삶의 방식을 취한다. 백명조 시인의 작품들은 잃어버린 자연을 되찾고 자연의 의미를 내 안에 새겨보는 귀한 생각들을 담고 있는 시편들이다. 편하게 말하는 법으로 자연 친화적이라고 하는 것보다 나아가 자연 속의 나이며 내 속의 자연을 발견하는 자연에 동화된 삶의 모습이라고 보면 좋다.

2014년 《문예시대》를 통해 등단한 백명조 시인은 첫 시집 『동그라미 물소리』를 상재한 바 있다. 백명조 시인의 작품들은 자연을 대상으로 삼는다. 전부라고 해도

틀리지 않는다. 백명조 시인은 도시 변두리에 집을 두고 시 이외의 지역에 농지를 소유하고 그곳을 오가며 농작물을 직접 재배하며 농사일을 하는 농부이다. 그의 삶에서 우러나는 자연 친화적인 태도에서 자연이 차지하는 시인의 삶에서 자연을 제외하고는 어떤 영역을 가져올 수가 없다. 거기에다 주말을 이용해 등산을 다닌다. 이런 삶의 방식에서 백명조 시인이 자연을 소재로 하는 서정시에 몰입되어 있음은 불문가지의 태도이다.

어쩌면 좋지
넓은 밭 절반이
광대풀꽃이 수를 놓았다

뿌리지 않고
가꾸지도 않는데
눈길 머물게 한다

정월대보름 쯤
여린 것을 캐 나물 무치면
할머니가 잘 잡수셨다

누가 잡초라고 나물이랄까
자운영을 닮은

환한 웃음이 밉지 않다

—「꽃밭으로 앉은 광대풀꽃」 전문

 오랜만에 찾은 밭이 절반을 광대풀꽃이 채워져 꽃을 피우고 있다. 망연 자실이다. 뿌리지도 않고 가꾸어 주지도 않았는데 저들끼리 왕성한 생명력으로 작물을 심어야 할 자리를 차지하고 있다. 꽃이 만발한 광대풀꽃은 눈길을 끌어간다. 이풀꽃도 정월대보름쯤 어린순을 캐어 나물 무쳐 먹는다. 이 나물은 할머니가 맛있게 잡수시던 기억이 난다. 그래서 이 꽃을 잡풀이라고 해야 할지 나물이라고 해야 할지 선뜻 결론 내리기가 쉽지 않다. 그런데 자운영을 닮은 꽃이 환한 웃음을 지어 보여 밭을 점거해 있어도 밉지가 않다.

 백명조 시인의 작품들에서도 자연과 함께하는 모습과 동시에 순응하는 태도를 보여준다. 백명조 시인에게 자연은 집과 같은 공간이 된다. 집은 사람을 보호하고 휴식을 갖게한다. 일 하다 저물녘이면 찾아가서 안락과 휴식을 갖는다. 집은 그러한 공간이다. 백명조 시인이 자연을 만나는 태도는 자연과 사물에 대한 배려와 친절이다.

 백명조 시인의 작품들은 현란한 상상력은 동원되지 않아도 들뜨지 않은 전원의 풍경이 수면 위를 흘러가는 물안개처럼 고요함을 가져다주는 작품들로 이뤄져 있다. 크게 소리 지르지 않고 내면에 흐르는 자신의 소중한 감흥을 차분하게 꺼내 펼쳐 보이고있어 자연은 과잉된 찬양이 아님을 보여준다.

오월 햇살 품에 안고
가지마다 불 밝힌
하얀 별을 달았다

무엇이 그리 수줍은지
바람에 살랑거리면서도
땅만 보고 피었다

개울물 작은 웅덩이에 떨어진 별
물무늬 그리며
꽃으로 다시 핀다

떨어져야
하늘을 보는 꽃
얼마나 별이 되고 싶었을까

—「때죽나무꽃」 전문

때죽나무꽃, 자연이 주는 소박한 선물이다. 오월 햇살을 품에 안아야만 때죽나무는 가지마다 별을 달 수 있는 불을 가질 수 있다. 하늘과 나무의 교감이 담겨 있다. 나무가 단 꽃 하나에도 다 하늘 인연이 있어야 피운다는 자연의 순환을 보여주는 것이다. 나무가 매단 별은 하늘을 바라보고 맺히지 못하고 무엇이 수줍은지 지상을 바라보고 떠 있다. 하늘에 떠 있는 별들처럼 땅을 내려다본다. 그러다 개울물 웅덩이에 떨어진 별은 비로소 하늘을 향해 꽃으로 핀다. 떨어져야 하늘을 보는 꽃은 그동안 별이 되고 싶은 마음을 간직하고 살아왔다. 이 시에는 자연의 순환구조를 그리며 자연도 이것과 저것이 나뉘어져 있지 않고 공존하고 있음을 보여주는 작품이다.

　때죽나무는 우리나라 산의 골짜기 물가에 흔하게 서 있는 때죽나무과에 속하는 속씨식물이다. 꽃은 늦봄에서 초여름 사이에 초롱처럼 생긴 흰색으로 피며, 꽃말은 '겸손'이다. 열매는 초가을에 녹백색으로 열린다. 아주 평범하고 흔한 우리나라 나무이다. 자연 속 산책길을 걷다 보면 어느 순간 살포시 고개를 숙이고 은은한 향기를 풍기는 꽃들이 눈에 들어온다. 때죽나무꽃은 화려하진 않지만 그 소박하고 청초한 매력으로 많은 사람들의 사랑을 받고 있다. 특히 한국의 봄철 산과 들에서 흔히 볼 수 있는 나무 중 하나로, 해마다 5월이 되면 그 존재감을 드러낸다. 백명조 시인이 가까이 만나는 꽃은 귀족적이거나 호화로운 꽃들 보다는 주목받지 못하고 저 혼자 피어있는 꽃들, 아무도 눈여겨보지 않는 꽃에 눈길이 간다.

묵정밭에서
따가운 눈길에 기죽지 않고
쑥대에 뒤질세라 키 재기하며

눈길 붙들던 이팝과
찔레꽃 보내고
무리지어 꽃으로 웃는다

밤이면 은구슬 놀다 가고
달빛을 보듬어
별빛도 함께 불러들인다

고요에 젖어 있을 때
건들바람이 지척거리니
하늘거리는 교태가 밉지 않다

―「망초꽃무리」 전문

우리나라 산하에 가장 흔한 꽃이 망초이다. 개망초와 더불어 지천에 널려 있어 그것을 화초로 부르지 않는다. 그저 잡풀꽃쯤으로 업신여기는 것이 보통이다. 백명조 시인이 망초꽃에 관심을 보이는 것도 바로 소외에 있다. 눈길 붙들던 이팝꽃이나 찔레꽃에 매료되지 아니하고 그들을 다 떠나보내고 나서 쑥대 속에서 키를 우뚝 세워 '나 여기 있소' 하며 얼굴 내미는 꽃, 망초꽃도 밤이면 은구슬도 놀다 가고 달빛과 별빛을 불러 노니는 꽃은 세상이 고요에 젖을 때 건들바람이 건들자 하늘거리며 교태를 피운다. 화자는 그 교태가 밉지가 않다. 화려하지 않지만 제 자리에서 자신만의 모습으로 존재하는 모습에 눈길이 가는 것은 동병상련의 안타까움이 상통하고 있었기에 가능한 것이 아니었을까 짐작해 본다.

백명조 시인의 작품은 리얼리티를 바탕으로 하는 자연에 동화된 삶을 보여 준다. 백명조 시인에게 풀과 나무와 채소들과 화초들은 날마다 만나서 대화하는 이웃이며 동무들이다. 그것들과 함께하는 삶을 지극히 사랑한다. 그들은 백명조 시인의 마음 속에서 시인과 동거한다. 그러지 않고서야 그들 속속들이를 어찌 이해할 수가 있겠는가.

어깨 쳐진 작물들
타는 목이 아우성이다

고추나무 들깨순도
잎을 비틀고 서 있다

이슬로 목추김하고
뙤약볕을 견뎌야하는 한낮도 힘들고

그늘 찾고
선풍기 안고 있어도

구월 늦더위에는 나도 지친다
여우비, 너라도 와주면

―「여우비라도 와주면」 전문

　어깨 쳐진 작물들을 보고 있으면 그들의 타는 목을 짐작하고도 남는다. 고추도 들깨도 잎을 비틀고 간신히 서있다. 밤새 내린 가느다란 이슬로만 목을 추기고 한낮 땡볕을 견뎌야 하는 그들 모습이 안쓰럽다. 이런 더위 때는 나도 그늘을 찾고 선풍기를 안고 살아도 구월 늦더위에는 지치기는 마찬가진데 이럴 때 잠간 여우비라도 와준다면 모든 갈증들이 해소 되지는 않겠지만 조금이라도 낫지 않겠느냐는 간절한 소망이 담겨져 있다. 이 소망은 자신을 위한 소망이 아니라 가을 가뭄에 타

들어 가는 작물들을 위한 기원이다. 작물들이 서 있는 모습만 보아도 무슨 생각들을 하고 있는지 단박에 알게 된다. 작물들과 통하는 마음이 없다면 그것을 읽어낼 수 있을까. 땡볕살 속에서 동거동락을 해오며 살아왔던 시간이 있었기에 가능한 안타까운 기원이다.

 자연과 교감하는 백명조 시인의 서정시들을 접하면서 드는 생각은 현대시가 지닌 난해성이다. 현대적인 시의 모습을 생각한다면 시적 대상들이 도시적이거나 새로운 산업의 영역에 속하거나 정신적 영역에 속하든가 가상 현실을 넘나드는 방법론이나 몽환 또는 분열증적인 정신의 모습에서 찾는다. 현대시가 현대인들에게 얼만큼 위안을 줄 수 있는가는 알 수 없다. 현대시를 읽고 감상하는 현대인들은 또한 얼마나 행복감을 느낄 수 있을 것인가 그에 대한 해답은 명쾌할 수가 없다. 오히려 맑고 깨끗하고 투명한 서정시 한 편이 현대인들의 찌든 삶에 생명수를 공급하고 스트레스를 풀어 새로운 활력을 충전 받을 수 있는 숲속의 피톤치트와 같은 역할을 해줄 수 있을 것이라고 본다. 그렇다면 굳이. 난해한 형이상학의 몽환적인 시보다는 사물 시와 같은 안이 훤히 들여다보이는 투명한 서정시 한편이 더 유익한 것은 아닌지 따져봐야 할 것 같다.

 애살스레 심지 않았는데

바람일까 새일까
묵정밭에 자리 잡았다
한사코 뽑고 자르고 했다
나를 닮은 것 같다

땅을 기고 나무를 감고 올라
그늘 찾는 유월 볕에
발자국 소리 뜸한
잡초 덩굴 속에서도
흰옷으로 왔다가 노란 옷으로 가는
금은화,
보란 듯이
마파람에 향기 실어
눈뜨고 있음을 알려
발길 끌어 들인다

향기가 잠시 쉬어 가라하네
염치 눈 감겨 마실 보내고
땀내 나는 일손 접어
긴 꽃자루 떼어 꿀맛 보며
꽃차 만들어
코로 마시고 눈으로 먹고 입으로 삼킨다

—「인동초꽃」 전문

 애살스럽게 직접 심은 것도 아닌데 묵정밭 귀퉁이에 인동초가 자라고 있다. 내가 심은 것이 아니라면 자연 발아로 생긴 덩굴나무일 것이다. 새가 실어 나른 씨앗일까? 아니라면 바람에 불려온 씨앗 때문일까? 밭을 일구는데 장애가 되어 뽑고 자르기를 몇 번인가 했어도 잘 자라고 있다. 그 모습이 나를 닮았다고 느낀다. 핍박받아도 무너지지 않고 또는 포기하지 않고 끈질기게 생명을 이어가는 인동초는 '땅을 기고 나무를 감고 올라/그늘 찾는 유월 볕에/발자국 소리 뜸한/잡초 덩굴 속에서도/흰옷으로 왔다가 노란 옷으로 가는/금은화' 라고 매우 사실적으로 묘사해 내고 있다. 하얀 꽃으로 피어나 질 때쯤에 노란꽃으로 바뀐다는 것은 오랜관찰을 하지 않으면 알수 없는 인동초꽃만의 내밀한 비밀이다. 걔서 인동초꽃을 금은화라고 부른다. 이런 모습에서 백명조 시인이 자연에 동화된 모습을 느낄 수 있다. 백명조 시인이 대상으로 하는 꽃들도 대개가 알려져 있어도 각광 받지 못하고 소외된 작은 풀꽃들을 대상으로 한다. 광대풀꽃, 때죽나무꽃, 망초꽃, 인동초꽃 들이다. 이들 꽃들은 세상의 중심에 서서 귀염받지 못한 수수하고 소박한 꽃들이다. 백명조 시인은 이렇게 소외받는 작은 풀꽃들에게 관심을 준다. 소외 받고 사는 자신과 동병상린의 모습이 아니겠는가?

 우리가 사는 지구는 기후 온난화로 곳곳에서 몸살을 앓고 있다. 이는 인간이 초래한 재앙이라고들 한다. 무분별한 화석 연료 사용으로 대기권이 파괴되고 이런 과학적 지식을 동원하지 않더라도 지구인 모두가 공감하는 위기일 것이다. 이런 위험에 인류가 직면하면서 자연의 소중함을 알게 되었고 환경 파괴의 이의 해소는 자연을 되살리는 수밖에 없다. 생태론적인 접근을 한다는 것이다.
 이뿐 아니다 인간이 개발한 각종 디지털 기기에 의해 인간의 인간성을 상실해 가고 있다. 스마트 기기에 빠져 자연과는 멀리 떨어진 삶을 가지고 자신이 자연에서 탄생 되었다는 사실을 망각하게 된 것이다. 루쏘가 '자연으로 돌아가라'는 경구가 전혀 허언으로 들리지 않는 까닭도 인간이 잃어버린 자연이 인간에게 위해를 가해 오고 있다.
 신체운동은 육신의 황폐함을 예방하는 몸 동작이다. 우리가 전시장에 가서 그림을 감상하고 연주회에 가서 음악을 듣는 일이나 문학 서적을 접하는 일은 정신의 황폐함을 예방하는 정신에 활력을 주는 운동이다. 우리는 그것을 힐링이라고 말한다. 휴식을 취하고 자연과 가까이하여 자연 속에서 지친 몸과 마음을 치유하는 것이다.

  할머니 날씨예보가 아니이도
  비가 올려나
  삭신에 바람이 들썩거려
  견디기 힘든 한 밤 통증

  물 먹은 휴지 뭉치로
  침상에 가라앉은 육신이
  밤을 밀어내고 뒤척이는데
  새벽이 빗소리를 데리고 온다

  오는 비 핑계 삼아
  쉬어간들 나무랄 이 없으니
  도다리 쑥국 끓여 먹고
  이웃도 눈감고
  나만 떠올리는 한낮을 보낸다

                —「역부로 쉬어 보는 날」 전문

 '역부로'는 '일부러'의 방언이다. 할머니는 삭신이 아리면 비가 오려나 하고 날씨 예보를 했다. 그런데 할머니가 계시지 않아도 이제 자신의 몸이 날씨가 좋지 않으면 한밤중에 뼈마디 통증으로 잠을 뒤척인다. 몸은 물 먹은 휴지처럼 늘어져 침상 위에 가라앉아 밤새 뒤척였는데 새벽녘에 몸 앓은 이유로 비가 내린다. 해야 할 일이 태산 같은데 비를 핑계로 쉬어가도 누가나무랄 사람도 없는데 쉬었으면 하는 마음을 먹다가도 도다리 쑥국을 끓여 먹고 기운을 차려 말리는 이웃도 외면하고 나만 떠올리는 한낮을 보내는 날을 가진다는 것이다. 나만 떠올리는 시간은 어떤 시간일까? 여러 작품에서 미루어 짐작컨대 그 시간은 자연 속에서 시간을 보내거나 텃밭에서 작물들과 노닥거리는 일일 것이다. 자연 속이 아니라면 온통 자신만의 시간을 가질 수가 없기 때문이다. 일부러 쉬는 시간을 만들어도 자연과 더불어 보내는 하루를 갖는다는 화자의 모습이 눈에 선하다. 그 모습은 바로 다음 작품이 증명해 내고 있다.

풀성귀 뽑아 앉으면서
밥 먹듯 달고 있는

'아이고 가야 되는데'

쫓기는 일이 있는 것도
몹쓸 병이 든 것도 아니다

건강 보조 식품
먹는 가짓수가 아홉
그도 모자라

홈쇼핑 방송을 보면
이것도, 저것도
다 사야될 것 같은
나약한 마음이다

자식 눈치는 보이고
쥼치 속은 가볍다

죽겠다는 말, 빈말인걸
수빈 할매는 알고 있다

—「알면서도 하는 말」 전문

 이 시의 주인공은 함께 밭일하며 자주 만나는 가까운 수빈 할매다. 시적 화자는 수빈 할매의 평소 하는 말을 자주 들어서 '아이고 가야되는데'란 언사는 거짓말임을 안다. 그것이 허언임은 쫓기는 일도 없고 큰 지병이 있는 것도 아니란 것에서 들킨다. 그러면서도 건강보조식품 먹는 것도 아홉 가지나 된다. 그것도 모자라서 홈쇼핑 방송을 보면 이것저것 사야 할 물건이 많은 나약한 마음이다. 그러고도 어찌 '가야 되는데' 하는 탄식은 가고 싶지 않은 마음을 내비치는 허언일 것이다. 자식에게 신세 끼치지 않겠다는 눈치는 보이고 주머니 속은 가벼워서 늘 걱정이 앞선다. 그러면서도 '가야 되겠다'는 넋두리는 스스로도 빈말이라는 걸 알고 있다.

 격자무늬 창에 든 하현이
 늦게 든 밤잠을 데려가고
 나뭇가지 바람이 스산하여
 달빛 내린 뒤란에 나섰다

 굴뚝새, 귀뚜리는 울고
 먹감나무 물든 잎에 별빛 한갓진데
 댓잎 부딪치는 소리에
 가슴에 일렁이는 달빛

 둥근달에 기러기 날고
 갈댓잎에 귀뚜리 앉은
 삼화를 그려 보내준
 말 수 적은 미소 담은 얼굴

 떠밀려온 강물 앞에

다시 등불을 켠다
화가가 된 푸른 날개로
화폭에서 날고 있는 내 붕무

—「하현이 데리고 온 그리움」 전문

 격자무늬 창에 뜬 달이 늦게든 잠을데려 갔다. 그래서 잠 잃은 밤 화자는 바람소리 나뭇가지에 스산하게 들려와 달빛이 내린 뒤란으로 나선다. 그곳에서는 굴뚝새와 귀뚜라미가 나처럼 잠 들지 않고 울고 있다. 먹감나무 물든 잎은 물든 그대로인데 대밭에 댓잎 부딪히는 소리에도 내 가슴에 일렁이는 달빛이다. 그 달빛은 내 잠을 앗아간 달빛이다. 달빛 속에는 떠오르는 얼굴이 있다. 내게 그림 한 점을 그려준 친구 얼굴이다. 그림 내용은 둥근 달에 기러기 날고 갈대 잎에 귀뚜라미 앉아 있는 삽화이다. 내 마음은 먹감나무 물든 잎에 별빛이 그대로인 것처럼 한갓진데 그림을 그려준 친구는 어떻게 달라져 있을까를 짐작해 보며 미소 담은 얼굴이 달 속에 떠오른다. 나는 세월 따라 흘러온 강물 앞에 다시 등불을 켠다. 친구는 화가가 된 푸른 날개를 달고 화폭 속에서 날고 있을 친구다. 하현달이 데리고 온 그리운 친구를 생각하는 가을 밤을 과장되지 않은 정감으로 담담하게 그려내고 있다. 백명조 시인의 작품들은 현란

한 상상력은 동원 되지 않아도 들 뜨지 않은 전원의 풍경이 수면 위를 흘러가는 물안개처럼 고요함을 가져다 주는 작품들로 이뤄져 있다.

 이렇게 사실적인 모습으로 안과 밖을 드러내는 사고에 빗대보면 백명조 시인이 추구하는 서정시는 자연 친화적이면서 의미가 선명하게 드러나 보이는 도시인들에게 힐링을 제공하는 산소같은 느낌을 주는 순수함 그 자체를 체현해내고 있음을 알 수 있다. 백명조 시인의 자연과 동화되는 맑은 감수성을 보여준 두 번째 시집의 상재를 축하 드린다.